Enid Artursdottir

Beihilfe

Enid Artursdottir

Beihilfe

Abrechnungsmodalitäten

Trainerverlag

Imprint
Any brand names and product names mentioned in this book are subject to trademark, brand or patent protection and are trademarks or registered trademarks of their respective holders. The use of brand names, product names, common names, trade names, product descriptions etc. even without a particular marking in this work is in no way to be construed to mean that such names may be regarded as unrestricted in respect of trademark and brand protection legislation and could thus be used by anyone.

Cover image: www.ingimage.com

Publisher:
Der Trainerverlag
is a trademark of
International Book Market Service Ltd., member of OmniScriptum Publishing Group
17 Meldrum Street, Beau Bassin 71504, Mauritius

Printed at: see last page
ISBN: 978-620-2-49453-3

Inhaltsverzeichnis:

I. Beihilfebescheide:

1. Schreiben der Beihilfestelle:[1]

Beihilfebescheid

Beihilfenummer

Sehr geehrte Kindesmutter,

auf Ihren am 15.08.2017 eingegangenen Antrag wird Ihnen eine Beihilfe gezahlt.

Der vorgenannte Beihilfebetrag wird auf das Konto XXX überwiesen.

Ihre Belege erhalten Sie zurück. Sofern Ihre Unterlagen elektronisch eingelesen wurden, entfällt die Rücksendung der Belege.

---

[1] 01.09.2017

Sofern die Beihilfe bei ambulanter Behandlung mehr als 500,00 €, bei stationärer Behandlung und Rehamaßnahmen mehr als 1.000,00 € beträgt, sind die Belege – soweit sie nicht bei Ihrer Beihilfestelle oder Versicherung verbleiben – noch 3 Jahre nach Empfang aufzubewahren und auf Verlangen vorzulegen.

Die Beihilfenverordnung (BVO) sieht eine Begrenzung der finanziellen Belastung der Beihilfeberechtigten vor (Belastungsgrenze).

Hierbei dürfen

- Die Kostendämpfungspauschale (§ 12a BVO)

- Der Eigenanteil zahntechnischer Leistungen bei der Versorgung mit Zahnersatz, Zahnkronen und Suprakonstruktionen (§ 4 Abs. 2 Buchstabe c BVO) und

- Die Selbstbehalte bei Inanspruchnahme von Wahlleistungen (z. B. 2 Bett-Zimmer, Chefarztbehandlung) im Krankenhaus (§ 4 Abs. 1 Nr. 2 Satz 2 und 3 BVO)

ab dem Kalenderjahr 2015 insgesamt 1,5 % der Bruttojahresdienst- oder Versorgungsbezüge des Beihilfeberechtigten nicht übersteigen.

Maßgeblich sind dabei grundsätzlich die Bezüge des Vorjahres (Rechtsgrundlage: § 15 BVO).

Die für Sie maßgebliche Belastungsgrenze und die hierauf bereits angerechneten Beträge können Sie dem Berechnungsbogen entnehmen.

Die aktuelle Fassung der BVO kann im Internet unter www.beihilfe.de eingesehen werden.

Beleg-Nr.: 3

Das von Ihnen beschaffte Medikament ist nicht verschreibungspflichtig und daher nicht beihilfefähig (Rechtsgrundlage: § 4 Abs. 1 Nr. 7 Satz 2 BVO).

Beihilfefähig sind jedoch Aufwendungen für Eisen- (II) – Verbindungen nur zur Behandlung von gesicherter Eisenmangelanämie.

Wir bitten Sie, ggfs. den Beleg mit einer entsprechenden ärztlichen Bescheinigung erneut vorzulegen.

Sofern der Beleg bei Ihrer Beihilfestelle verblieben ist, genügt die Vorlage einer ärztlichen Bescheinigung.

Beleg-Nr.: 6

Das von Ihnen beschaffte Medikament ist nicht verschreibungspflichtig und daher nicht beihilfefähig (Rechtsgrundlage: § 4 Abs. 1 Nr. 7 Satz 2 BVO).

Beleg-Nr.: 7

Das von Ihnen beschaffte Medikament ist nicht verschreibungspflichtig und daher nicht beihilfefähig (Rechtsgrundlage: § 4 Abs. 1 Nr. 7 Satz 2 BVO).

Beihilfefähig sind jedoch Aufwendungen für Antihistaminika

- nur in Notfallsets zur Behandlung bei Bienen-, Wespen-, Hornissengift-Allergien

- nur zur Behandlung schwerer, rezidivierender Urticarien,

- nur bei schwerwiegendem, anhaltendem Pruitus

- nur zur Behandlung bei schwerwiegender allergischer Rhinitis, bei der eine topische nasale Behandlung mit Glukokortikoiden nicht ausreichend ist.

Wir bitten Sie, ggfs. den Beleg mit einer entsprechenden ärztlichen Bescheinigung erneut vorzulegen.

Sofern der Beleg bei Ihrer Beihilfestelle verblieben ist, genügt die Vorlage einer ärztlichen Bescheinigung.

Rechtsbehelfsbelehrung:

Gegen diesen Bescheid können Sie innerhalb eines Monats (nach Zustellung) bei uns – unter der angegebenen Anschrift – schriftlich oder mündlich zur Niederschrift (die von Ihnen unterschrieben werden muss) Widerspruch einlegen.

Falls die Frist von einem von Ihnen Bevollmächtigten versäumt werden sollte, so würde dessen Verschulden Ihnen zugerechnet werden.

WICHTIGER HINWEIS FÜR ALLE BEIHILFEBERECHTIGTE:

Die Höhe Ihrer individuellen Belastungsgrenze gem. § 15 BVO wurde dadurch ermittelt, dass Ihr monatliches Bruttogehalt mit 12 Monaten multipliziert wurde.

Eine eventuelle anteilige wöchentliche Arbeitszeit oder anteiliger Dienstumfang wurde berücksichtigt.

Bitte überprüfen Sie, die für Sie angegebenen Bruttojahresdienstbezüge und teilen Sie eventuelle Abweichungen unter Vorlage geeigneter Nachweise mit.

Grundsätzlich gilt: je niedrigere die Bruttojahresdienstbezüge, desto geringer Ihre Belastungsgrenze gem. § 15 BVO.

BITTE HEFTEN ODER KLAMMERN SIE DIE RECHNUNGSBELEGE NICHT UND KLEBEN SIE DIESE AUCH NICHT AUF, DA WIR DIE BELEGE EINZELN SCANNEN.

■■

WICHTIGER HINWEIS

■■

Wir weisen darauf hin, dass wir Rezepte, mit denen nach dem 01.Jan.2011 verschreibungspflichtige Arzneimittel gekauft wurden, nicht mehr zurückschicken können.

Die Rezepte müssen bei uns archiviert werden.

Rechtsgrundlage hierfür ist das Gesetz zur Neuordnung des Arzneimittelmarktes – AMNOG -.

Bitte legen Sie keine Originalrezepte mehr vor sondern nur noch Kopien, die bei uns verbleiben können.

▪▪▪

Mit freundlichen Grüßen

Bescheid wurde maschinell erstellt und ist deshalb nicht unterschrieben.

2. Schreiben der Beihilfestelle:[2]

Beihilfebescheid

Beihilfenummer

Sehr geehrte Kindesmutter,

auf Ihren am 27.09.2017 eingegangenen Antrag wird Ihnen eine Beihilfe gezahlt.

Der vorgenannte Beihilfebetrag wird auf das Konto XXX überwiesen.

Ihre Belege erhalten Sie zurück. Sofern Ihre Unterlagen elektronisch eingelesen wurden, entfällt die Rücksendung der Belege.

Sofern die Beihilfe bei ambulanter Behandlung mehr als 500,00 €, bei stationärer Behandlung und Rehamaßnahmen mehr als 1.000,00 € beträgt, sind die Belege – soweit sie nicht bei Ihrer Beihilfestelle oder Versicherung verbleiben – noch 3 Jahre nach Empfang aufzubewahren und auf Verlangen vorzulegen.

[2] 09.10.2017

Die Beihilfenverordnung (BVO) sieht eine Begrenzung der finanziellen Belastung der Beihilfeberechtigten vor (Belastungsgrenze).

Hierbei dürfen

- Die Kostendämpfungspauschale (§ 12a BVO)

- Der Eigenanteil zahntechnischer Leistungen bei der Versorgung mit Zahnersatz, Zahnkronen und Suprakonstruktionen (§ 4 Abs. 2 Buchstabe c BVO) und

- Die Selbstbehalte bei Inanspruchnahme von Wahlleistungen (z. B. 2 Bett-Zimmer, Chefarztbehandlung) im Krankenhaus (§ 4 Abs. 1 Nr. 2 Satz 2 und 3 BVO)

ab dem Kalenderjahr 2015 insgesamt 1,5 % der Bruttojahresdienst- oder Versorgungsbezüge des Beihilfeberechtigten nicht übersteigen.

Maßgeblich sind dabei grundsätzlich die Bezüge des Vorjahres (Rechtsgrundlage: § 15 BVO).

Die für Sie maßgebliche Belastungsgrenze und die hierauf bereits angerechneten Beträge können Sie dem Berechnungsbogen entnehmen.

Die aktuelle Fassung der BVO kann im Internet unter www.beihilfe.de eingesehen werden.

Beleg-Nr.: 1

Das von Ihnen beschaffte Medikament ist nicht verschreibungspflichtig und daher nicht beihilfefähig (Rechtsgrundlage: § 4 Abs. 1 Nr. 7 Satz 2 BVO).

Beihilfefähig sind jedoch Aufwendungen für Calciumverbindungen (mind. 300 mg Calcium-Ion/Dosiereinheit) und Vitamin D (freie oder fixe Kombination)

- nur zur Behandlung der manifesten Osteoporose,

- nur zeitgleich zur Steroidtherapie bei Erkrankungen, die voraussichtlich einer mindestens sechsmonatigen Steoridtherapie in einer Dosis von wenigstens 7,5 mg Prednisolonäquvalenz bedürfen,

- bei Biphosphat-Behandlung gemäß Angabe in der jeweiligen Fachinformation bei zwingender Notwendigkeit.

Wir bitten Sie, ggfs. den Beleg mit einer entsprechenden ärztlichen Bescheinigung erneut vorzulegen.

Sofern der Beleg bei Ihrer Beihilfestelle verblieben ist, genügt die Vorlage einer ärztlichen Bescheinigung.

Das von Ihnen beschaffte Medikament ist nicht verschreibungspflichtig und daher nicht beihilfefähig (Rechtsgrundlage: § 4 Abs. 1 Nr. 7 Satz 2 BVO).

Beihilfefähig sind jedoch Aufwendungen für Zinkverbindungen als Monopräparat nur zur Behandlung der enteropathischen Akrodermatitis und durch Haemodialysebehandlung bedingten nachgewiesenen Zinkmangel sowie zur Hemmung der Kupferaufnahme bei Morbus Wilson.

Wir bitten Sie, ggfs. den Beleg mit einer entsprechenden ärztlichen Bescheinigung erneut vorzulegen.

Sofern der Beleg bei Ihrer Beihilfestelle verblieben ist, genügt die Vorlage einer ärztlichen Bescheinigung.

Rechtsbehelfsbelehrung:

Gegen diesen Bescheid können Sie innerhalb eines Monats (nach Zustellung) bei uns – unter der angegebenen Anschrift – schriftlich oder mündlich zur Niederschrift (die von Ihnen unterschrieben werden muss) Widerspruch einlegen.

Falls die Frist von einem von Ihnen Bevollmächtigten versäumt werden sollte, so würde dessen Verschulden Ihnen zugerechnet werden.

WICHTIGER HINWEIS FÜR ALLE BEIHILFEBERECHTIGTE:

Die Höhe Ihrer individuellen Belastungsgrenze gem. § 15 BVO wurde dadurch ermittelt, dass Ihr monatliches Bruttogehalt mit 12 Monaten multipliziert wurde.

Eine eventuelle anteilige wöchentliche Arbeitszeit oder anteiliger Dienstumfang wurde berücksichtigt.

Bitte überprüfen Sie, die für Sie angegebenen Bruttojahresdienstbezüge und teilen Sie eventuelle Abweichungen unter Vorlage geeigneter Nachweise mit.

Grundsätzlich gilt: je niedrigere die Bruttojahresdienstbezüge, desto geringer Ihre Belastungsgrenze gem. § 15 BVO.

BITTE HEFTEN ODER KLAMMERN SIE DIE RECHNUNGSBELEGE NICHT UND KLEBEN SIE DIESE AUCH NICHT AUF, DA WIR DIE BELEGE EINZELN SCANNEN.

■■

WICHTIGER HINWEIS

■■

Wir weisen darauf hin, dass wir Rezepte, mit denen nach dem 01.Jan.2011 verschreibungspflichtige Arzneimittel gekauft wurden, nicht mehr zurückschicken können.

Die Rezepte müssen bei uns archiviert werden.

Rechtsgrundlage hierfür ist das Gesetz zur Neuordnung des Arzneimittelmarktes – AMNOG -.

Bitte legen Sie keine Originalrezepte mehr vor sondern nur noch Kopien, die bei uns verbleiben können.

■■

Mit freundlichen Grüßen

Bescheid wurde maschinell erstellt und ist deshalb nicht unterschrieben.

3. <u>Schreiben der Beihilfestelle:</u>[3]

Beihilfebescheid

Beihilfenummer

Sehr geehrte Kindesmutter,

auf Ihren am 06.11.2017 eingegangenen Antrag wird Ihnen eine Beihilfe gezahlt.

Der vorgenannte Beihilfebetrag wird auf das Konto XXX überwiesen.

Ihre Belege erhalten Sie zurück. Sofern Ihre Unterlagen elektronisch eingelesen wurden, entfällt die Rücksendung der Belege.

Sofern die Beihilfe bei ambulanter Behandlung mehr als 500,00 €, bei stationärer Behandlung und Rehamaßnahmen mehr als 1.000,00 € beträgt, sind die Belege – soweit sie nicht bei Ihrer Beihilfestelle oder Versicherung verbleiben – noch 3 Jahre nach Empfang aufzubewahren und auf Verlangen vorzulegen.

---

[3] 15.11.2017

Die Beihilfenverordnung (BVO) sieht eine Begrenzung der finanziellen Belastung der Beihilfeberechtigten vor (Belastungsgrenze).

Hierbei dürfen

- Die Kostendämpfungspauschale (§ 12a BVO)

- Der Eigenanteil zahntechnischer Leistungen bei der Versorgung mit Zahnersatz, Zahnkronen und Suprakonstruktionen (§ 4 Abs. 2 Buchstabe c BVO) und

- Die Selbstbehalte bei Inanspruchnahme von Wahlleistungen (z. B. 2 Bett-Zimmer, Chefarztbehandlung) im Krankenhaus (§ 4 Abs. 1 Nr. 2 Satz 2 und 3 BVO)

ab dem Kalenderjahr 2015 insgesamt 1,5 % der Bruttojahresdienst- oder Versorgungsbezüge des Beihilfeberechtigten nicht übersteigen.

Maßgeblich sind dabei grundsätzlich die Bezüge des Vorjahres (Rechtsgrundlage: § 15 BVO).

Die für Sie maßgebliche Belastungsgrenze und die hierauf bereits angerechneten Beträge können Sie dem Berechnungsbogen entnehmen.

Die aktuelle Fassung der BVO kann im Internet unter www.beihilfe.de eingesehen werden.

Beleg-Nr.: 2

Aufwendungen für Kontrazeptionsmittel sind nur bei Personen bis zur Vollendung des 20. Lebensjahres und bei Personen ab Vollendung des 48. Lebensjahres beihilfefähig (Rechtsgrundlage: Anlage 2 zur BVO).

Beleg-Nr.: 3

Das von Ihnen beschaffte Medikament ist nicht verschreibungspflichtig und daher nicht beihilfefähig (Rechtsgrundlage: § 4 Abs. 1 Nr. 7 Satz 2 BVO).

Beleg-Nr.: 4

Nicht beihilfefähig sind (unabhängig vom Alter des Beihilfeberechtigten und der berücksichtigungsfähigen Person) Aufwendungen für Mittel, die geeignet sind, Güter des täglichen Bedarfs zu ersetzen.

Es sind dies z. B. Shampoo, Cremes, Lebensmittel, Nahrungsergänzungsmittel, so genannte Krankenkost und diätetische Lebensmittel einschließlich Produkte für Säuglinge oder Kleinkinder (Rechtsgrundlage: Anlage 2 zur BVO).

Beleg-Nr.: 5

Um die beantragte Beihilfe zutreffend fortsetzen zu können, bitten wir, dem nächsten Beihilfeantrag eine Kopie des Versicherungsscheins bzw. eine Quotenbescheinigung vorzulegen zusammen mit den Aufwendungen.

Beleg-Nr.: 6

Um die beantragte Beihilfe zutreffend fortsetzen zu können, bitten wir, dem nächsten Beihilfeantrag eine Kopie des Versicherungsscheins bzw. eine Quotenbescheinigung vorzulegen zusammen mit den Aufwendungen.

Rechtsbehelfsbelehrung:

Gegen diesen Bescheid können Sie innerhalb eines Monats (nach Zustellung) bei uns – unter der angegebenen Anschrift – schriftlich oder mündlich zur Niederschrift (die von Ihnen unterschrieben werden muss) Widerspruch einlegen.

Falls die Frist von einem von Ihnen Bevollmächtigten versäumt werden sollte, so würde dessen Verschulden Ihnen zugerechnet werden.

WICHTIGER HINWEIS FÜR ALLE BEIHILFEBERECHTIGTE:

Die Höhe Ihrer individuellen Belastungsgrenze gem. § 15 BVO wurde dadurch ermittelt, dass Ihr monatliches Bruttogehalt mit 12 Monaten multipliziert wurde.

Eine eventuelle anteilige wöchentliche Arbeitszeit oder anteiliger Dienstumfang wurde berücksichtigt.

Bitte überprüfen Sie, die für Sie angegebenen Bruttojahresdienstbezüge und teilen Sie eventuelle Abweichungen unter Vorlage geeigneter Nachweise mit.

Grundsätzlich gilt: je niedrigere die Bruttojahresdienstbezüge, desto geringer Ihre Belastungsgrenze gem. § 15 BVO.

BITTE HEFTEN ODER KLAMMERN SIE DIE RECHNUNGSBELEGE NICHT UND KLEBEN SIE DIESE AUCH NICHT AUF, DA WIR DIE BELEGE EINZELN SCANNEN.

....

WICHTIGER HINWEIS

....

Wir weisen darauf hin, dass wir Rezepte, mit denen nach dem 01.Jan.2011 verschreibungspflichtige Arzneimittel gekauft wurden, nicht mehr zurückschicken können.

Die Rezepte müssen bei uns archiviert werden.

Rechtsgrundlage hierfür ist das Gesetz zur Neuordnung des Arzneimittelmarktes – AMNOG -.

Bitte legen Sie keine Originalrezepte mehr vor sondern nur noch Kopien, die bei uns verbleiben können.

....

Mit freundlichen Grüßen

Bescheid wurde maschinell erstellt und ist deshalb nicht unterschrieben.

4. Schreiben der Beihilfestelle:[4]

Beihilfebescheid

Beihilfenummer

Sehr geehrte Kindesmutter,

auf Ihren am 21.06.2018 eingegangenen Antrag wird Ihnen eine Beihilfe gezahlt.

Der vorgenannte Beihilfebetrag wird auf das Konto XXX überwiesen.

Ihre Belege erhalten Sie zurück. Sofern Ihre Unterlagen elektronisch eingelesen wurden, entfällt die Rücksendung der Belege.

Sofern die Beihilfe bei ambulanter Behandlung mehr als 500,00 €, bei stationärer Behandlung und Rehamaßnahmen mehr als 1.000,00 € beträgt, sind die Belege – soweit sie nicht bei Ihrer Beihilfestelle oder Versicherung verbleiben – noch 3 Jahre nach Empfang aufzubewahren und auf Verlangen vorzulegen.

[4] 26.06.2018

Die Beihilfenverordnung (BVO) sieht eine Begrenzung der finanziellen Belastung der Beihilfeberechtigten vor (Belastungsgrenze).

Hierbei dürfen

- Die Kostendämpfungspauschale (§ 12a BVO)

- Der Eigenanteil zahntechnischer Leistungen bei der Versorgung mit Zahnersatz, Zahnkronen und Suprakonstruktionen (§ 4 Abs. 2 Buchstabe c BVO) und

- Die Selbstbehalte bei Inanspruchnahme von Wahlleistungen (z. B. 2 Bett-Zimmer, Chefarztbehandlung) im Krankenhaus (§ 4 Abs. 1 Nr. 2 Satz 2 und 3 BVO)

ab dem Kalenderjahr 2015 insgesamt 1,5 % der Bruttojahresdienst- oder Versorgungsbezüge des Beihilfeberechtigten nicht übersteigen.

Maßgeblich sind dabei grundsätzlich die Bezüge des Vorjahres (Rechtsgrundlage: § 15 BVO).

Die für Sie maßgebliche Belastungsgrenze und die hierauf bereits angerechneten Beträge können Sie dem Berechnungsbogen entnehmen.

Die aktuelle Fassung der BVO kann im Internet unter www.beihilfe.de eingesehen werden.

Beleg-Nr.: 1

Das von Ihnen beschaffte Medikament ist nicht verschreibungspflichtig und daher nicht beihilfefähig (Rechtsgrundlage: § 4 Abs. 1 Nr. 7 Satz 2 BVO).

Beihilfefähig sind jedoch Aufwendungen für Calciumverbindungen (mind. 300 mg Calcium-Ion/Dosiereinheit) und Vitamin D (freie oder fixe Kombination)

- nur zur Behandlung der manifesten Osteoporose,

- nur zeitgleich zur Steroidtherapie bei Erkrankungen, die voraussichtlich einer mindestens sechsmonatigen Steoridtherapie in einer Dosis von wenigstens 7,5 mg Prednisolonäquvalent bedürfen,

- bei Bisphosphat-Behandlung gemäß Angabe in der jeweiligen Fachinformation bei zwingender Notwendigkeit.

Wir bitten Sie, ggfs. den Beleg mit einer entsprechenden ärztlichen Bescheinigung erneut vorzulegen.

Sofern der Beleg bei Ihrer Beihilfestelle verblieben ist, genügt die Vorlage einer ärztlichen Bescheinigung.

Beleg-Nr.: 2, 7

Nicht beihilfefähig sind (unabhängig vom Alter des Beihilfeberechtigten und der berücksichtigungsfähigen Person) Aufwendungen für Mittel, die geeignet sind, Güter des täglichen Bedarfs zu ersetzen.

Es sind dies z. B. Shampoo, Cremes, Lebensmittel, Nahrungsergänzungsmittel, so genannte Krankenkost und diätetische Lebensmittel einschließlich Produkte für Säuglinge oder Kleinkinder (Rechtsgrundlage: Anlage 2 zur BVO).

Beleg-Nr.: 3

Das von Ihnen beschaffte Medikament ist nicht verschreibungspflichtig und daher nicht beihilfefähig (Rechtsgrundlage: § 4 Abs. 1 Nr. 7 Satz 2 BVO).

Beleg-Nr.: 4

Das von Ihnen beschaffte Medikament ist nicht verschreibungspflichtig und daher nicht beihilfefähig (Rechtsgrundlage: § 4 Abs. 1 Nr. 7 Satz 2 BVO).

Beleg-Nr.: 7

Das von Ihnen beschaffte Medikament ist nicht verschreibungspflichtig und daher nicht beihilfefähig (Rechtsgrundlage: § 4 Abs. 1 Nr. 7 Satz 2 BVO).

Beihilfefähig sind jedoch Aufwendungen für Zinkverbindungen als Monopräparat nur zur Behandlung der enteropathischen Akrodermatitis und durch Haemodialysebehandlung bedingten nachgewiesenen Zinkmangel sowie zur Hemmung der Kupferaufnahme bei Morbus Wilson.

Wir bitten Sie, ggfs. den Beleg mit einer entsprechenden ärztlichen Bescheinigung erneut vorzulegen.

Sofern der Beleg bei Ihrer Beihilfestelle verblieben ist, genügt die Vorlage einer ärztlichen Bescheinigung.

Rechtsbehelfsbelehrung:

Gegen diesen Bescheid können Sie innerhalb eines Monats (nach Zustellung) bei uns – unter der angegebenen Anschrift – schriftlich oder mündlich zur Niederschrift (die von Ihnen unterschrieben werden muss) Widerspruch einlegen.

Falls die Frist von einem von Ihnen Bevollmächtigten versäumt werden sollte, so würde dessen Verschulden Ihnen zugerechnet werden.

WICHTIGER HINWEIS FÜR ALLE BEIHILFEBERECHTIGTE:

Die Höhe Ihrer individuellen Belastungsgrenze gem. § 15 BVO wurde dadurch ermittelt, dass Ihr monatliches Bruttogehalt mit 12 Monaten multipliziert wurde.

Eine eventuelle anteilige wöchentliche Arbeitszeit oder anteiliger Dienstumfang wurde berücksichtigt.

Bitte überprüfen Sie, die für Sie angegebenen Bruttojahresdienstbezüge und teilen Sie eventuelle Abweichungen unter Vorlage geeigneter Nachweise mit.

Grundsätzlich gilt: je niedrigere die Bruttojahresdienstbezüge, desto geringer Ihre Belastungsgrenze gem. § 15 BVO.

BITTE HEFTEN ODER KLAMMERN SIE DIE RECHNUNGSBELEGE NICHT UND KLEBEN SIE DIESE AUCH NICHT AUF, DA WIR DIE BELEGE EINZELN SCANNEN.

WICHTIGER HINWEIS

Wir weisen darauf hin, dass wir Rezepte, mit denen nach dem 01.Jan.2011 verschreibungspflichtige Arzneimittel gekauft wurden, nicht mehr zurückschicken können.

Die Rezepte müssen bei uns archiviert werden.

Rechtsgrundlage hierfür ist das Gesetz zur Neuordnung des Arzneimittelmarktes – AMNOG -.

Bitte legen Sie keine Originalrezepte mehr vor sondern nur noch Kopien, die bei uns verbleiben können.

....

Mit freundlichen Grüßen

Bescheid wurde maschinell erstellt und ist deshalb nicht unterschrieben.

5. Schreiben der Beihilfestelle:[5]

Beihilfebescheid

Beihilfenummer

Sehr geehrte Kindesmutter,

auf Ihren am 17.07.2018 eingegangenen Antrag wird Ihnen eine Beihilfe gezahlt.

Der vorgenannte Beihilfebetrag wird auf das Konto XXX überwiesen.

Ihre Belege erhalten Sie zurück. Sofern Ihre Unterlagen elektronisch eingelesen wurden, entfällt die Rücksendung der Belege.

Sofern die Beihilfe bei ambulanter Behandlung mehr als 500,00 €, bei stationärer Behandlung und Rehamaßnahmen mehr als 1.000,00 € beträgt, sind die Belege – soweit sie nicht bei Ihrer Beihilfestelle oder Versicherung verbleiben – noch 3 Jahre nach Empfang aufzubewahren und auf Verlangen vorzulegen.

---

[5] 23.07.2018

Die Beihilfenverordnung (BVO) sieht eine Begrenzung der finanziellen Belastung der Beihilfeberechtigten vor (Belastungsgrenze).

Hierbei dürfen

- Die Kostendämpfungspauschale (§ 12a BVO)

- Der Eigenanteil zahntechnischer Leistungen bei der Versorgung mit Zahnersatz, Zahnkronen und Suprakonstruktionen (§ 4 Abs. 2 Buchstabe c BVO) und

- Die Selbstbehalte bei Inanspruchnahme von Wahlleistungen (z. B. 2 Bett-Zimmer, Chefarztbehandlung) im Krankenhaus (§ 4 Abs. 1 Nr. 2 Satz 2 und 3 BVO)

ab dem Kalenderjahr 2015 insgesamt 1,5 % der Bruttojahresdienst- oder Versorgungsbezüge des Beihilfeberechtigten nicht übersteigen.

Maßgeblich sind dabei grundsätzlich die Bezüge des Vorjahres (Rechtsgrundlage: § 15 BVO).

Die für Sie maßgebliche Belastungsgrenze und die hierauf bereits angerechneten Beträge können Sie dem Berechnungsbogen entnehmen.

Die aktuelle Fassung der BVO kann im Internet unter www.beihilfe.de eingesehen werden.

Beleg-Nr.: 3

Nicht beihilfefähig sind (unabhängig vom Alter des Beihilfeberechtigten und der berücksichtigungsfähigen Person) Aufwendungen für Mittel, die geeignet sind, Güter des täglichen Bedarfs zu ersetzen.

Es sind dies z. B. Shampoo, Cremes, Lebensmittel, Nahrungsergänzungsmittel, so genannte Krankenkost und diätetische Lebensmittel einschließlich Produkte für Säuglinge oder Kleinkinder (Rechtsgrundlage: Anlage 2 zur BVO).

Beleg-Nr.: 4

Das von Ihnen beschaffte Medikament ist nicht verschreibungspflichtig und daher nicht beihilfefähig (Rechtsgrundlage: § 4 Abs. 1 Nr. 7 Satz 2 BVO).

Beleg-Nr.: 10

Heilpraktikerleistungen sind beihilfefähig im Rahmen der Anlage 4 zur BVO (Beihilferechtliches Gebührenverzeichnis für Heilpraktikerleistungen).

Die geltend gemachten Aufwendungen wurden bis zum Höchstbetrag für die jeweilige Nummer dieses Gebührenverzeichnisses berücksichtigt.

Rechtsbehelfsbelehrung:

Gegen diesen Bescheid können Sie innerhalb eines Monats (nach Zustellung) bei uns – unter der angegebenen Anschrift – schriftlich oder mündlich zur Niederschrift (die von Ihnen unterschrieben werden muss) Widerspruch einlegen.

Falls die Frist von einem von Ihnen Bevollmächtigten versäumt werden sollte, so würde dessen Verschulden Ihnen zugerechnet werden.

WICHTIGER HINWEIS FÜR ALLE BEIHILFEBERECHTIGTE:

Die Höhe Ihrer individuellen Belastungsgrenze gem. § 15 BVO wurde dadurch ermittelt, dass Ihr monatliches Bruttogehalt mit 12 Monaten multipliziert wurde.

Eine eventuelle anteilige wöchentliche Arbeitszeit oder anteiliger Dienstumfang wurde berücksichtigt.

Bitte überprüfen Sie, die für Sie angegebenen Bruttojahresdienstbezüge und teilen Sie eventuelle Abweichungen unter Vorlage geeigneter Nachweise mit.

Grundsätzlich gilt: je niedrigere die Bruttojahresdienstbezüge, desto geringer Ihre Belastungsgrenze gem. § 15 BVO.

BITTE HEFTEN ODER KLAMMERN SIE DIE RECHNUNGSBELEGE NICHT UND KLEBEN SIE DIESE AUCH NICHT AUF, DA WIR DIE BELEGE EINZELN SCANNEN.

....

WICHTIGER HINWEIS

....

Wir weisen darauf hin, dass wir Rezepte, mit denen nach dem 01.Jan.2011 verschreibungspflichtige Arzneimittel gekauft wurden, nicht mehr zurückschicken können.

Die Rezepte müssen bei uns archiviert werden.

Rechtsgrundlage hierfür ist das Gesetz zur Neuordnung des Arzneimittelmarktes – AMNOG -.

Bitte legen Sie keine Originalrezepte mehr vor sondern nur noch Kopien, die bei uns verbleiben können.

....

Mit freundlichen Grüßen

Bescheid wurde maschinell erstellt und ist deshalb nicht unterschrieben.

6. Schreiben der Beihilfestelle:[6]

Beihilfebescheid

Beihilfenummer

Sehr geehrte Kindesmutter,

auf Ihren am 16.10.2018 eingegangenen Antrag wird Ihnen eine Beihilfe gezahlt.

Der vorgenannte Beihilfebetrag wird auf das Konto XXX überwiesen.

Ihre Belege erhalten Sie zurück. Sofern Ihre Unterlagen elektronisch eingelesen wurden, entfällt die Rücksendung der Belege.

Sofern die Beihilfe bei ambulanter Behandlung mehr als 500,00 €, bei stationärer Behandlung und Rehamaßnahmen mehr als 1.000,00 € beträgt, sind die Belege – soweit sie nicht bei Ihrer Beihilfestelle oder Versicherung verbleiben – noch 3 Jahre nach Empfang aufzubewahren und auf Verlangen vorzulegen.

---

[6] 29.10.2018

Die Beihilfenverordnung (BVO) sieht eine Begrenzung der finanziellen Belastung der Beihilfeberechtigten vor (Belastungsgrenze).

Hierbei dürfen

- Die Kostendämpfungspauschale (§ 12a BVO)

- Der Eigenanteil zahntechnischer Leistungen bei der Versorgung mit Zahnersatz, Zahnkronen und Suprakonstruktionen (§ 4 Abs. 2 Buchstabe c BVO) und

- Die Selbstbehalte bei Inanspruchnahme von Wahlleistungen (z. B. 2 Bett-Zimmer, Chefarztbehandlung) im Krankenhaus (§ 4 Abs. 1 Nr. 2 Satz 2 und 3 BVO)

ab dem Kalenderjahr 2015 insgesamt 1,5 % der Bruttojahresdienst- oder Versorgungsbezüge des Beihilfeberechtigten nicht übersteigen.

Maßgeblich sind dabei grundsätzlich die Bezüge des Vorjahres (Rechtsgrundlage: § 15 BVO).

Die für Sie maßgebliche Belastungsgrenze und die hierauf bereits angerechneten Beträge können Sie dem Berechnungsbogen entnehmen.

Die aktuelle Fassung der BVO kann im Internet unter www.beihilfe.de eingesehen werden.

Beleg-Nr.: 1

Das von Ihnen beschaffte Medikament ist nicht verschreibungspflichtig und daher nicht beihilfefähig (Rechtsgrundlage: § 4 Abs. 1 Nr. 7 Satz 2 BVO).

Beleg-Nr.: 4

Heilpraktikerleistungen sind beihilfefähig im Rahmen der Anlage 4 zur BVO (Beihilferechtliches Gebührenverzeichnis für Heilpraktikerleistungen).

Die erbrachte Leistung ist in diesem Gebührenverzeichnis nicht aufgeführt und daher von der Beihilfefähigkeit ausgeschlossen.

Rechtsbehelfsbelehrung:

Gegen diesen Bescheid können Sie innerhalb eines Monats (nach Zustellung) bei uns – unter der angegebenen Anschrift – schriftlich oder mündlich zur Niederschrift (die von Ihnen unterschrieben werden muss) Widerspruch einlegen.

Falls die Frist von einem von Ihnen Bevollmächtigten versäumt werden sollte, so würde dessen Verschulden Ihnen zugerechnet werden.

WICHTIGER HINWEIS FÜR ALLE BEIHILFEBERECHTIGTE:

Die Höhe Ihrer individuellen Belastungsgrenze gem. § 15 BVO wurde dadurch ermittelt, dass Ihr monatliches Bruttogehalt mit 12 Monaten multipliziert wurde.

Eine eventuelle anteilige wöchentliche Arbeitszeit oder anteiliger Dienstumfang wurde berücksichtigt.

Bitte überprüfen Sie, die für Sie angegebenen Bruttojahresdienstbezüge und teilen Sie eventuelle Abweichungen unter Vorlage geeigneter Nachweise mit.

Grundsätzlich gilt: je niedrigere die Bruttojahresdienstbezüge, desto geringer Ihre Belastungsgrenze gem. § 15 BVO.

BITTE HEFTEN ODER KLAMMERN SIE DIE RECHNUNGSBELEGE NICHT UND KLEBEN SIE DIESE AUCH NICHT AUF, DA WIR DIE BELEGE EINZELN SCANNEN.

....

WICHTIGER HINWEIS

....

Wir weisen darauf hin, dass wir Rezepte, mit denen nach dem 01.Jan.2011 verschreibungspflichtige Arzneimittel gekauft wurden, nicht mehr zurückschicken können.

Die Rezepte müssen bei uns archiviert werden.

Rechtsgrundlage hierfür ist das Gesetz zur Neuordnung des Arzneimittelmarktes – AMNOG -.

Bitte legen Sie keine Originalrezepte mehr vor sondern nur noch Kopien, die bei uns verbleiben können.

....

Mit freundlichen Grüßen

Bescheid wurde maschinell erstellt und ist deshalb nicht unterschrieben.

7. <u>Schreiben der Beihilfestelle:</u>[7]

Beihilfebescheid

Beihilfenummer

Sehr geehrte Kindesmutter,

auf Ihren am 05.12.2018 eingegangenen Antrag wird Ihnen eine Beihilfe gezahlt.

Der vorgenannte Beihilfebetrag wird auf das Konto XXX überwiesen.

Ihre Belege erhalten Sie zurück. Sofern Ihre Unterlagen elektronisch eingelesen wurden, entfällt die Rücksendung der Belege.

Sofern die Beihilfe bei ambulanter Behandlung mehr als 500,00 €, bei stationärer Behandlung und Rehamaßnahmen mehr als 1.000,00 € beträgt, sind die Belege – soweit sie nicht bei Ihrer Beihilfestelle oder Versicherung verbleiben – noch 3 Jahre nach Empfang aufzubewahren und auf Verlangen vorzulegen.

---

[7] 14.12.2018

Die Beihilfenverordnung (BVO) sieht eine Begrenzung der finanziellen Belastung der Beihilfeberechtigten vor (Belastungsgrenze).

Hierbei dürfen

- Die Kostendämpfungspauschale (§ 12a BVO)

- Der Eigenanteil zahntechnischer Leistungen bei der Versorgung mit Zahnersatz, Zahnkronen und Suprakonstruktionen (§ 4 Abs. 2 Buchstabe c BVO) und

- Die Selbstbehalte bei Inanspruchnahme von Wahlleistungen (z. B. 2 Bett-Zimmer, Chefarztbehandlung) im Krankenhaus (§ 4 Abs. 1 Nr. 2 Satz 2 und 3 BVO)

ab dem Kalenderjahr 2015 insgesamt 1,5 % der Bruttojahresdienst- oder Versorgungsbezüge des Beihilfeberechtigten nicht übersteigen.

Maßgeblich sind dabei grundsätzlich die Bezüge des Vorjahres (Rechtsgrundlage: § 15 BVO).

Die für Sie maßgebliche Belastungsgrenze und die hierauf bereits angerechneten Beträge können Sie dem Berechnungsbogen entnehmen.

Die aktuelle Fassung der BVO kann im Internet unter www.beihilfe.de eingesehen werden.

Sehr geehrte Beihilfeberechtigte,

wir wünschen Ihnen und Ihrer Familie eine gesegnete Adventszeit, ein friedvolles Weihnachtsfest und ein gesundes neues Jahr.

Ihre Beihilfeabteilung

Beleg-Nr.: 2

Aufwendungen für ärztlich verordnete Heilbehandlungen, die von Angehörigen der Medizinalfachberufe (z. B. Masseure, Krankengymnasten) erbracht werden, sind nur im Rahmen der Höchstbeträge nach der Anlage 5 der BVO „Beihilferechtliche Angemessenheit in Rechnung gestellten Beträgen“ beihilfefähig (Rechtsgrundlage: § 4i Abs. 2 BVO).

Beleg-Nr.: 3

Pauschalhonorare für ärztliche oder zahnärztliche Leistungen sind nicht beihilfefähig.

Bitte legen Sie ggf. mit dem nächsten Beihilfeantrag eine detaillierte Rechnung vor.

Beleg-Nr.: 4

Portokosten für den Versand von Rezepten oder Arztrechnungen sind nicht beihilfefähig (Rechtsgrundlage: § 3 BVO).

Rechtsbehelfsbelehrung:

Gegen diesen Bescheid können Sie innerhalb eines Monats (nach Zustellung) bei uns – unter der angegebenen Anschrift – schriftlich oder mündlich zur Niederschrift (die von Ihnen unterschrieben werden muss) Widerspruch einlegen.

Falls die Frist von einem von Ihnen Bevollmächtigten versäumt werden sollte, so würde dessen Verschulden Ihnen zugerechnet werden.

WICHTIGER HINWEIS FÜR ALLE BEIHILFEBERECHTIGTE:

Die Höhe Ihrer individuellen Belastungsgrenze gem. § 15 BVO wurde dadurch ermittelt, dass Ihr monatliches Bruttogehalt mit 12 Monaten multipliziert wurde.

Eine eventuelle anteilige wöchentliche Arbeitszeit oder anteiliger Dienstumfang wurde berücksichtigt.

Bitte überprüfen Sie, die für Sie angegebenen Bruttojahresdienstbezüge und teilen Sie eventuelle Abweichungen unter Vorlage geeigneter Nachweise mit.

Grundsätzlich gilt: je niedrigere die Bruttojahresdienstbezüge, desto geringer Ihre Belastungsgrenze gem. § 15 BVO.

BITTE HEFTEN ODER KLAMMERN SIE DIE RECHNUNGSBELEGE NICHT UND KLEBEN SIE DIESE AUCH NICHT AUF, DA WIR DIE BELEGE EINZELN SCANNEN.

■■

WICHTIGER HINWEIS

■■

Wir weisen darauf hin, dass wir Rezepte, mit denen nach dem 01.Jan.2011 verschreibungspflichtige Arzneimittel gekauft wurden, nicht mehr zurückschicken können.

Die Rezepte müssen bei uns archiviert werden.

Rechtsgrundlage hierfür ist das Gesetz zur Neuordnung des Arzneimittelmarktes – AMNOG -.

Bitte legen Sie keine Originalrezepte mehr vor sondern nur noch Kopien, die bei uns verbleiben können.

……………………………………………………………………

Mit freundlichen Grüßen

Bescheid wurde maschinell erstellt und ist deshalb nicht unterschrieben.

II. Gewährungsentscheide:

1. Schreiben der Beihilfestelle:[8]

Beihilfenummer

Entscheidung über die Gewährung einer Beihilfe

Sehr geehrte Kindesmutter,

auf Ihren am Antrag vom 20.09.2019, eingegangen am 24.09.2019 erhalten Sie eine Beihilfe.

Diesen Betrag überweise ich auf folgende Bankverbindung: XXX.

[8] 26.09.2019

Informationen zur Beihilfeberechtigung:

Meiner Entscheidung liegen zum Zeitpunkt der Festsetzung folgende Angaben zugrunde:

Antragsteller:

Beihilfe-Nr.

Dienststelle

Personengruppe

Bemessungssatz

Art des Versicherungsverhältnisses

Krankenversicherung

Familienstand

Besoldung/Vergütung

Kinder:

Anzahl der berücksichtigungsfähigen Kinder

Vorname

Bemessungssatz

Nicht mehr berücksichtigungsfähig ab

Art des Versicherungsverhältnisses

Krankenversicherung

Vorname

Bemessungssatz

Nicht mehr berücksichtigungsfähig ab

Art des Versicherungsverhältnisses

Krankenversicherung

Vorname

Bemessungssatz

Nicht mehr berücksichtigungsfähig ab

Art des Versicherungsverhältnisses

Krankenversicherung

Vorname

Bemessungssatz

Nicht mehr berücksichtigungsfähig ab

Art des Versicherungsverhältnisses

Krankenversicherung

Sollten diese Informationen falsch oder unvollständig sein, informieren Sie mich bitte unverzüglich und legen Nachweise vor.

Berechnung:

Art

Rechnungsdatum

Rechnungsbetrag

Beihilfefähig

Bem.-Satz

Beihilfe

d. Grunde nach

KV-Leistung

Hinweise

Beihilfeberechtigter

Kind 1

Kind 2

Kind 3

Kind 4

Summen

Summe Beihilfe

Beihilfeauszahlung

Folgende Aufwendungen wurden nicht berücksichtigt:

Beihilfeberechtigter

Hinweise zu den Belegen:

Hinweis 4020:

Nicht beihilfefähig sind (unabhängig vom Alter des Beihilfeberechtigten und der berücksichtigungsfähigen Person) Aufwendungen für Mittel, die geeignet sind, Güter des täglichen Bedarfs zu ersetzen.

Es sind dies z. B. Shampoo, Cremes, Lebensmittel, Nahrungsergänzungsmittel, so genannte Krankenkost und diätetische Lebensmittel einschließlich Produkte für Säuglinge oder Kleinkinder (Rechtsgrundlage: Anlage 2 zur BVO).

Hinweis 4230:

Arzneimittel der Anthroposophie, Homöopathie und Phytotherapie sind – soweit nicht ausnahmsweise in der Anlage 1 der AM-RL aufgelistet – auch im Ausnahmeweg nicht beihilfefähig.

Bei Präparaten der Fachrichtung Anthroposophie und Homöopathie ist eine wissenschaftliche Anerkennung nicht zu erwarten.

Dies gilt nicht für Personen bis zum vollendeten 18. Lebensjahr (Rechtsgrundlage: Nr. 4.1.7.2 VVzBVO).

Hinweis 4031:

Aufwendungen für hyaluronsäurehaltige Medizinprodukte sind nicht beihilfefähig (Rechtsgrundlage: § 4 Abs. 1 Nr. 7 Satz 2 Nr. 2 BVO).

Hinweis 4035:

Das Medikament ist nicht verschreibungspflichtig und daher nicht beihilfefähig (Rechtsgrundlage: § 4 Abs. 1 Nr. 7 Satz 2 BVO).

Rechtsbehelfsbelehrung:

Gegen diesen Bescheid können Sie innerhalb eines Monats (nach Zustellung) bei uns – unter der angegebenen Anschrift – schriftlich oder mündlich zur Niederschrift (die von Ihnen unterschrieben werden muss) Widerspruch einlegen.

Falls die Frist von einem von Ihnen Bevollmächtigten versäumt werden sollte, so würde dessen Verschulden Ihnen zugerechnet werden.

Mit freundlichen Grüßen

Ihre Beihilfestelle

Dieses Schreiben wurde elektronisch erstellt und ist daher auch ohne Unterschrift gültig.

Alle ehebezogenen Begriffe gelten auch für eingetragene Lebenspartnerschaften.

Die personenbezogenen Bezeichnungen in diesem Schreiben beziehen sich auf beide Geschlechter und bezwecken eine bessere Lesbarkeit.

2. Schreiben der Beihilfestelle:[9]

Beihilfenummer

Entscheidung über die Gewährung einer Beihilfe

Sehr geehrte Kindesmutter,

auf Ihren am Antrag vom 08.10.2019, eingegangen am 11.10.2019 erhalten Sie eine Beihilfe.

Diesen Betrag überweise ich auf folgende Bankverbindung: XXX.

---

[9] 15.10.2019

Informationen zur Beihilfeberechtigung:

Meiner Entscheidung liegen zum Zeitpunkt der Festsetzung folgende Angaben zugrunde:

Antragsteller:

Beihilfe-Nr.

Dienststelle

Personengruppe

Bemessungssatz

Art des Versicherungsverhältnisses

Krankenversicherung

Familienstand

Besoldung/Vergütung

Kinder:

Anzahl der berücksichtigungsfähigen Kinder

Vorname

Bemessungssatz

Nicht mehr berücksichtigungsfähig ab

Art des Versicherungsverhältnisses

Krankenversicherung

Vorname

Bemessungssatz

Nicht mehr berücksichtigungsfähig ab

Art des Versicherungsverhältnisses

Krankenversicherung

Vorname

Bemessungssatz

Nicht mehr berücksichtigungsfähig ab

Art des Versicherungsverhältnisses

Krankenversicherung

Vorname

Bemessungssatz

Nicht mehr berücksichtigungsfähig ab

Art des Versicherungsverhältnisses

Krankenversicherung

Sollten diese Informationen falsch oder unvollständig sein, informieren Sie mich bitte unverzüglich und legen Nachweise vor.

Berechnung:

Art

Rechnungsdatum

Rechnungsbetrag

Beihilfefähig

Bem.-Satz

Beihilfe

d. Grunde nach

KV-Leistung

Hinweise

Beihilfeberechtigter

Kind 1

Kind 2

Kind 3

Kind 4

Summen

Summe Beihilfe

Beihilfeauszahlung

Folgende Aufwendungen wurden nicht berücksichtigt:

Beihilfeberechtigter

Hinweise zu den Belegen:

Hinweis 4025:

Nicht beihilfefähig sind (unabhängig vom Alter des Beihilfeberechtigten und der berücksichtigungsfähigen Person) Aufwendungen für Mittel, die geeignet sind, Güter des täglichen Bedarfs zu ersetzen.

Es sind dies z. B. Shampoo, Cremes, Lebensmittel, Nahrungsergänzungsmittel, so genannte Krankenkost und diätetische Lebensmittel einschließlich Produkte für Säuglinge und Kleinkinder (Rechtsgrundlage: Anlage 2 zur BVO).

Hinweis 4025:

Arzneimittel der Anthroposophie, Homöopathie und Phytotherapie sind – soweit nicht ausnahmsweise in der Anlage 1 der AM-RL aufgelistet – auch im Ausnahmeweg nicht beihilfefähig.

Bei Präparaten der Fachrichtung Anthroposophie und Homöopathie ist eine wissenschaftliche Anerkennung nicht zu erwarten.

Dies gilt nicht für Personen bis zum vollendeten 18. Lebensjahr (Rechtsgrundlage: Nr. 4.1.7.2 VVzBVO).

Hinweis 4031:

Aufwendungen für hyaluronsäurehaltige Medizinprodukte sind nicht beihilfefähig (Rechtsgrundlage: § 4 Abs. 1 Nr. 7 Satz 2 Nr. 2 BVO).

Hinweis 4035:

Das Medikament ist nicht verschreibungspflichtig und daher nicht beihilfefähig (Rechtsgrundlage: § 4 Abs. 1 Nr. 7 Satz 2 BVO).

Rechtsbehelfsbelehrung:

Gegen diesen Bescheid können Sie innerhalb eines Monats (nach Zustellung) bei uns – unter der angegebenen Anschrift – schriftlich oder mündlich zur Niederschrift (die von Ihnen unterschrieben werden muss) Widerspruch einlegen.

Falls die Frist von einem von Ihnen Bevollmächtigten versäumt werden sollte, so würde dessen Verschulden Ihnen zugerechnet werden.

Mit freundlichen Grüßen

Ihre Beihilfestelle

Dieses Schreiben wurde elektronisch erstellt und ist daher auch ohne Unterschrift gültig.

Alle ehebezogenen Begriffe gelten auch für eingetragene Lebenspartnerschaften.

Die personenbezogenen Bezeichnungen in diesem Schreiben beziehen sich auf beide Geschlechter und bezwecken eine bessere Lesbarkeit.

3. Schreiben der Beihilfestelle:[10]

Beihilfenummer

Entscheidung über die Gewährung einer Beihilfe

Sehr geehrte Kindesmutter,

auf Ihren am Antrag vom 21.10.2019, eingegangen am 25.10.2019 erhalten Sie eine Beihilfe.

Diesen Betrag überweise ich auf folgende Bankverbindung: XXX.

[10] 04.11.2019

Informationen zur Beihilfeberechtigung:

Meiner Entscheidung liegen zum Zeitpunkt der Festsetzung folgende Angaben zugrunde:

Antragsteller:

Beihilfe-Nr.

Dienststelle

Personengruppe

Bemessungssatz

Art des Versicherungsverhältnisses

Krankenversicherung

Familienstand

Besoldung/Vergütung

Kinder:

Anzahl der berücksichtigungsfähigen Kinder

Vorname

Bemessungssatz

Nicht mehr berücksichtigungsfähig ab

Art des Versicherungsverhältnisses

Krankenversicherung

Vorname

Bemessungssatz

Nicht mehr berücksichtigungsfähig ab

Art des Versicherungsverhältnisses

Krankenversicherung

Vorname

Bemessungssatz

Nicht mehr berücksichtigungsfähig ab

Art des Versicherungsverhältnisses

Krankenversicherung

Vorname

Bemessungssatz

Nicht mehr berücksichtigungsfähig ab

Art des Versicherungsverhältnisses

Krankenversicherung

Sollten diese Informationen falsch oder unvollständig sein, informieren Sie mich bitte unverzüglich und legen Nachweise vor.

Berechnung:

Art

Rechnungsdatum

Rechnungsbetrag

Beihilfefähig

Bem.-Satz

Beihilfe

d. Grunde nach

KV-Leistung

Hinweise

Beihilfeberechtigter

Kind 1

Kind 2

Kind 3

Kind 4

Summen

Summe Beihilfe

Beihilfeauszahlung

Folgende Aufwendungen wurden nicht berücksichtigt:

Beihilfeberechtigter

Hinweise zu den Belegen:

Hinweis 4025:

Arzneimittel der Anthroposophie, Homöopathie und Phytotherapie sind – soweit nicht ausnahmsweise in der Anlage 1 der AM-RL aufgelistet – auch im Ausnahmeweg nicht beihilfefähig.

Bei Präparaten der Fachrichtung Anthroposophie und Homöopathie ist eine wissenschaftliche Anerkennung nicht zu erwarten.

Dies gilt nicht für Personen bis zum vollendeten 18. Lebensjahr (Rechtsgrundlage: Nr. 4.1.7.2 VVzBVO).

Hinweis 4035:

Das Medikament ist nicht verschreibungspflichtig und daher nicht beihilfefähig (Rechtsgrundlage: § 4 Abs. 1 Nr. 7 Satz 2 BVO).

Hinweis 4758:

Das von Ihnen beschaffte Medikament ist nicht verschreibungspflichtig und daher nicht beihilfefähig (Rechtsgrundlage: § 4 Abs. 1 Nr. 7 Satz 2 BVO).

Um eine beihilferechtliche Ausnahme bei einem nicht verschreibungspflichtigen aber apothekenpflichtigen Arzneimittel prüfen zu können, bitte ich Sie, den Vordruck „Ärztliche Bescheinigung bei der Verordnung von apothekenpflichtigen, nicht verschreibungspflichtigen Arzneimitteln" ausfüllen zu lassen und zur Prüfung bei mir einzureichen.

Rechtsbehelfsbelehrung:

Gegen diesen Bescheid können Sie innerhalb eines Monats (nach Zustellung) bei uns – unter der angegebenen Anschrift – schriftlich oder mündlich zur Niederschrift (die von Ihnen unterschrieben werden muss) Widerspruch einlegen.

Falls die Frist von einem von Ihnen Bevollmächtigten versäumt werden sollte, so würde dessen Verschulden Ihnen zugerechnet werden.

Mit freundlichen Grüßen

Ihre Beihilfestelle

Dieses Schreiben wurde elektronisch erstellt und ist daher auch ohne Unterschrift gültig.

Alle ehebezogenen Begriffe gelten auch für eingetragene Lebenspartnerschaften.

Die personenbezogenen Bezeichnungen in diesem Schreiben beziehen sich auf beide Geschlechter und bezwecken eine bessere Lesbarkeit.

III. Arzneimittelverordnung:

1. Verordnungsbescheinigung:[11]

Ärztliche Bescheinigung bei der Verordnung von apothekenpflichtigen, nicht verschreibungspflichtigen Arzneimitteln (zum Beihilfebescheid vom ...) bitte ausfüllen

Beihilfeberechtigte/r: Name, Vorname

Geburtsdatum

Beihilfe-Nummer

Patient/in (wenn nicht die/der Beihilfeberechtigte): Name, Vorname

Nach der Beihilfenverordnung (BVO) sind Aufwendungen für apothekenpflichtige, nicht verschreibungspflichtige Arzneimittel nur unter bestimmten Voraussetzungen beihilfefähig (Rechtsgrundlage: § 4 Abs. 1 Nr. 7 BVO und Nr. 3 der Anlage 2 zur BVO):

[11] 04.11.2019

a. **Wenn sie bei der Behandlung schwerwiegender Erkrankungen als Therapiestandard gelten.**

Eine Krankheit ist schwerwiegend, wenn sie auf Grund der Schwere der durch sie verursachten Gesundheitsstörung die Lebensqualität auf Dauer nachhaltig beeinträchtigt.

Als Therapiestandard gilt ein Arzneimittel, wenn der therapeutische Nutzen zur Behandlung einer der in der Anlage genannten schwerwiegenden Erkrankungen dem allgemein anerkannten Stand der medizinischen Erkenntnisse entspricht.

Für die oben genannte Person habe ich zur Behandlung schwerwiegender Erkrankungen folgende(s) apothekenpflichtige(s), nicht verschreibungspflichtige(s) Arzneimittel, das dem/den in den Arzneimittelrichtlinien (AM-RL) genannten Therapiestandard(s) entspricht, verordnet:

Arzneimittel:

Zur Behandlung bei / von (Diagnose/Erkrankung)

Therapiestandard:

Ja:

Nein:

Entsprechende AM-RL-Ziffer (s. Anlage)

Verordnungsdauer:

Einmalig

Monate

Chronisch

Zur Erleichterung beim Ausfüllen sind in der Anlage die Therapiestandards der Arzneimittel-Richtlinien des gemeinsamen Bundesausschusses abgedruckt.

Für die ausnahmsweise Anerkennung eines apothekenpflichtigen, nicht verschreibungspflichtigen Arzneimittels ist es erforderlich, dass zu den Punkten Arzneimittel, Diagnose/Erkrankung und Therapiestandard eine Aussage getroffen wird.

Liegt ein Therapiestandard vor, ist zusätzlich die entsprechende AM-RL zu benennen.

b. Wenn sie begleitend zu einer medikamentösen Haupttherapie mit verschreibungspflichtigen Arzneimitteln eingesetzt werden (Begleitmedikation), d. h. wenn das nicht verschreibungspflichtige Arzneimittel in der Fachinformation des Hauptarzneimittels als Begleitmedikation zwingend vorgeschrieben ist.

Diagnose

Verschreibungspflichtiges Arzneimittel der medikamentösen Haupttherapie verordnet am

Name des verschreibungspflichtigen Arzneimittels

Verordnetes Arzneimittel als Begleitmedikation

c. **Wenn es zur Behandlung der beim bestimmungsgemäßen Gebrauch eines verschreibungspflichtigen Arzneimittels auftretenden schwerwiegenden, schädlichen, unbeabsichtigten Reaktion eingesetzt wird (unerwünschte Arzneimittelwirkungen).**

Diagnose

Verschreibungspflichtiges Arzneimittel, das die unerwünschte(n) Arzneimittelnebenwirkung(en) verursacht hat

Verordnet am

Verordnetes Arzneimittel zur Beseitigung der Nebenwirkungen

Ort, Datum

Unterschrift und Stempel des verordnenden Arztes

2. Arzneimittelrichtlinie:[12]

1) Abführmittel nur zur Behandlung von Erkrankungen im Zusammenhang mit Tumorleiden, Megacolon, Divertikulose, Divertikulitis, Mukoviszidose, neurogener Darmlähmung, vor diagnostischen Eingriffen, bei phosphatbindender Medikation bei chronischer Niereninsuffiziens, Opiat- sowie Opioidtherapie und in der Terminalphase.

2) Acetylsalicylsäure (bis 300 mg/Dosiseinheit) als Thrombozyten-Aggregationshemmer, bei koronarer Herzkrankheit (gesichert durch Symptomatik und ergänzende nicht-invasive oder invasive Diagnostik) und in der Nachsorge von Herzinfarkt und Schlaganfall sowie nach arteriellen Eingriffen.

3) Acetlysilicylsäure und Paracetamol nur zur Behandlung schwerer und schwerster Schmerzen in Co-Medikation mit Opioiden.

4) Acidodetherapeutika nur zur Behandlung von dialysepflichtiger Nephropathie und chronischer Niereninsuffizienz sowie bei Neoblase, Ileumconduit, Nabelpouch und Implantation der Harnleiter in den Dünndarm.

5) Topische Anästhetika und/oder Antiseptika, nur zur Selbstbehandlung schwerwiegender generalisierter

[12] 04.11.2019

blasenbildender Hauterkrankungen (z. B. Epidermolysis buliosa, hereditaria; Pemphigus).

6) Antihistaminika

- Nur in Notfallsets zur Behandlung bei Bienen-, Wespen-, Hornissengift-Allergien,

- Nur zur Behandlung schwerer, rezidivierender Urticarien,

- Nur bei schwerwiegendem, anhaltendem Pruritus,

- Nur zur Behandlung bei schwerwiegender allergischer Rhinitis, bei der eine topische nasale Behandlung mit Glukokortikoiden nicht ausreichend ist.

7) Antimykotika nur zur Behandlung von Pilzinfektionen im Mund- und Rachenraum.

8) Antiseptika und Gleitmittel nur für Patienten mit Katheterisierung.

9) Arzneistofffreie Injektions-/Infusions-, Träger- und Elektrolösungen sowie parentale Osmodiuretika bei Hirnödem (Mannitol, Sorbitol).

10) Calciumverbindungen (mind. 300 mg Calcium-Ion/Dosiereinheit) und Vitamin D (freie oder fixe Kombination)

sowie Vitamin D als Monopräparat bei ausreichender Calciumzufuhr über die Nahrung

- Nur zur Behandlung der manifesten Osteoporose,

- Nur zeitgleich zur Steroidtherapie bei Erkrankungen, die voraussichtlich einer mindestens sechsmonatigen Steroidtherapie in einer Dosis von wenigstens 7,5 mg Prednisolonäquivalent bedürfen,

- Bei Bisphosphonat-Behandlung gemäß Angabe in der jeweiligen Fachinformation bei zwingender Notwendigkeit.

11) Calciumverbindungen als Monopräparate nur

- Bei Pseudohypo- und Hypoparathyreodismus

- Bei Bisphosponat-Behandlung gemäß Angabe in der jeweiligen Fachinformation bei zwingender Notwendigkeit.

12) Levocarnitin nur zur Behandlung bei endogenem Carnitinmangel.

13) Citrate nur zur Behandlung von Harnkonkrementen.

14) Dinatriumcromoglycat (DNCG)-haltige Arzneimittel (oral) nur zur symptomatischen Behandlung der systemischen Mastozytose.

15) E. coli Stamm Nissle 1917 nur zur Behandlung der Colitis ulcerosa in der Remissionsphase bei Unverträglichkeit von Mesatazin.

16) Eisen-(II)-Verbindungen nur zur Behandlung von gesicherter Eisenmangelanaemie.

17) Flohsamen und Flohsamenschalen nur zur unterstützenden Quellmittel-Behandlung bei Morbus Crohn, Kurzdarmsyndrom und HIV assoziierter Diarrhöen.

18) Folsäure und Folinate nur bei Therapie mit Folsäureantagonisten sowie zur Behandlung des kolorektalen Karzinoms.

19) Ginkgo-biloba-Blätter-Extrakt (Aceton-Wasser-Auszug, standardisiert 240 mg Tagesdosis) nur zur Behandlung der Demenz.

20) Harnstoffhaltige Dermatika mit einem Harnstoffgehalt von mindestens 5 % nur bei gesicherter Diagnose bei Ichthyosen, wenn keine therapeutischen Alternativen für den jeweiligen Patienten indiziert sind.

21) Iodid nur zur Behandlung von Schilddrüsenerkrankungen.

22) Iod-Verbindungen nur zur Behandlung von Ulcera und Dekubitalgeschwüren.

23) Kaliumverbindungen als Monopräparate nur zur Behandlung der Hypokaliaemie.

24) Laktulose und Lactitol nur zur Senkung der enteralen Ammoniakresorption bei Leberversagen im Zusammenhang mit der hepatischen Enzephalopathie.

25) Lösungen und Emulsionen zur parenteralen Ernährung einschließlich der notwendigen Vitamine und Spurenelemente.

26) Magnesiumverbindungen, parenteral, nur zur Behandlung bei nachgewiesenem Magnesiummangel und zur Behandlung bei erhöhtem Eklampsierisiko.

27) Metixenhydrochlorid nur zur Behandlung des Parkinson-Syndroms.

28) Mistel-Präparate, parenteral, auf Mistellektin normiert, nur in der palliaitven Therapie von malignen Tumoren zur Verbesserung der Lebensqualität.

29) Niclosamid nur zur Behandlung von Bandwurmbefall.

30) Nystatin nur zur Behandlung von Mykosen bei Immunsupprimierten Patienten.

31) Ornithinaspartat nur zur Behandlung des hepatischen (Prae-)Coma und der episodischen, hepatischen Enzephalopathie.

32) Pankreasenzyme nur zur Behandlung chronischer, exokriner Pankreasinsuffizienz oder Mukoviszidose sowie zur Behandlung der funktionellen Pankreasinsuffizienz nach Gastrektomie bei Vorliegen einer Steatorrhoe.

33) Phosphatbinder nur zur Behandlung der Hyperphosphataemie bei chronischer Niereninsuffizienz und Dialyse.

34) Phosphatverbindungen bei Hypophosphataemie, die durch eine entsprechende Ernährung nicht behoben werden kann.

35) Salicylsäurehaltige Zuereitungen (mind. 2 % Salicylsäure) in der Dermatotherapie als Teil der Behandlung der Psoriasis und hyperkeratotischer Ekzeme.

36) Synthetischer Speichel nur zur Behandlung krankheitsbedingter Mundtrockenheit bei onkologischen oder Autoimmun-Erkrankungen.

37) Synthetische Tränenflüssigkeit bei Autoimmun-Erkrankungen (Sjögren-Syndrom mit deutlichen Funktionsstörungen [trockenes Auge Grad 2], Epidermolysis bullosa, okuläres Pemphigold), Fehlen oder Schädigung der Tränendrüse, Fazialisparese oder bei Lagophthalmus.

38) Vitamin K als Monopräparate nur bei nachgewiesenem, schwerwiegendem Vitaminmangel, der durch eine entsprechende Ernährung nicht behoben werden kann.

39) Wasserlösliche Vitamine auch in Kombinationen nur bei der Dialyse.

40) Wasserlösliche Vitamine, Benfotiamin und Folsäure als Monopräparate nur bei nachgewiesenem, schwerwiegendem Vitaminmangel, der durch eine entsprechende Ernährung nicht behoben werden kann (Folsäure: 5 mg/Dosiseinheit).

41) Zinkverbindungen als Monopräparate nur zur Behandlung der enteropathischen Akrodermatitis und durch Haemodialysebehandlung bedingten nachgewiesenem Zinkmangel sowie zur Hemmung der Kupferaufnahme bei Morbus Wilson.

42) Arzneimittel zur sofortigen Anwendung

- Antidote bei akuten Vergiftungen,

- Lokalanästhetika zur Injektion,

- Apothekenpflichtige, nicht verschreibungspflichtige Arzneimittel, die im Rahmen der ärztlichen Behandlung zur sofortigen Anwendung in der Praxis verfügbar sein müssen, können verordnet werden, wenn entsprechende Vereinbarungen zwischen den Verbänden der Krankenkassen und den Kassenärztlichen Vereinigungen getroffen werden.

Printed by Books on Demand GmbH, Norderstedt / Germany